Couverture inférieure manquante

ALGER ET TIMBOUKTOU

ÉTUDE

SUR LE

COMMERCE TRANSSAHARIEN

PAR

P. CONSTANTIN

PARIS

CHALLAMEL AINÉ, ÉDITEUR

LIBRAIRIE COLONIALE

5, RUE JACOB, 5

1885

ALGER ET TIMBOUKTOU

ÉTUDE

SUR LE

COMMERCE TRANSSAHARIEN

PAR

P. CONSTANTIN

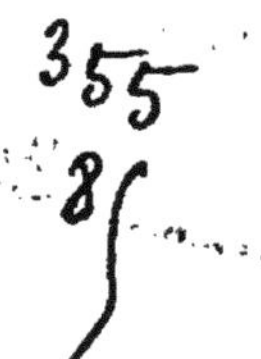

PARIS

CHALLAMEL AINÉ, ÉDITEUR

LIBRAIRIE COLONIALE

5, RUE JACOB, 5

1883

ALGER & TIMBOUKTOU

ÉTUDE

sur le

COMMERCE TRANSSAHARIEN

Kairouan, 10 janvier 1883.

I

Introduction

Au moment où les indigènes de Timbouktou nous envoient un des leurs pour entrer en relations d'affaires avec nous, il est intéressant d'examiner les conditions générales dans lesquelles on pourra satisfaire aux besoins du trafic qui ne peut tarder de naître entre nos colonies et la vallée du Niger.

Nous nous proposons d'étudier ici plus particulièrement la question des transports transsahariens. On admet que le service des transports est l'âme d'une armée, parce que lui seul lui communique la vie et le mouvement ; c'est aussi l'âme du grand commerce, car sans lui, il n'y a pas d'échanges possibles, et c'est augmenter réellement la force d'une nation que d'accroître l'étendue de ses moyens de transport, puisque la guerre et le commerce sont les deux plus grandes manifestations de la puissance humaine.

On a coutume de dire aujourd'hui que nous laissons aux étrangers l'exploitation de nos plus riches colonies et que nous abandonnons volontiers à d'autres peuples le soin d'approvisionner en grande partie nos propres marchés.

En ce qui concerne l'Algérie, nous remarquerons tout d'abord que le mal n'est pas aussi grave que l'on a pu le prétendre ; en effet, nos compatriotes y possèdent les plus belles cultures, les plus riches vignobles, et le chiffre des affaires avec la France tend à s'élever très rapidement, bien qu'il atteigne annuellement près de 300 millions de francs. Nous n'avons pas à regretter les sacrifices que le pays a pu faire pour en arriver là, car il en est déjà largement récompensé par l'accroissement d'influence ou de force qu'il en retire ; et devant un pareil résultat, il semble, au contraire, que nous ne devions ajourner aucune des mesures jugées nécessaires au développement complet de cette magnifique possession.

À un point de vue plus général, il convient de noter que si les Français paraissent moins disposés que les autres nations à fournir à la colonisation les éléments de vitalité qui lui sont nécessaires, ce n'est point par manque d'aptitude ni par exagération de l'humeur casanière, c'est que de bonne heure, les idées de la jeunesse sont dirigées dans un autre sens. Le souvenir de nos gloires militaires entretenu avec soin, l'espoir d'une brillante carrière exercent peut-être sur les jeunes imaginations une attraction puissante. Aussi, le plus souvent, quand un jeune homme se sent à l'étroit autour du clocher natal, il se présente à quelque école du gouvernement, ou va rejoindre le régiment. Il choisit généralement le métier des armes comme étant celui qui convient le mieux au besoin d'expansion et de mouvement dont il se sent pénétré.

Verrions-nous chaque année tant de jeunes gens affluer comme volontaires dans nos régiments d'Afrique, si les Français manquaient de hardiesse ou s'ils craignaient les déplacements? Ces hommes entreraient aussi bien au service du grand commerce national, mais l'armée se présente à eux avec sa vie aventureuse, ses émotions qui le captivent, drainant ainsi à son profit une large part des énergies de la nation.

L'Angleterre doit en partie à son système de recrutement ce mouvement si remarquable d'extension coloniale qui la caractérise ; car deux choses sont nécessaires pour coloniser : les hommes et l'argent. Or en France, l'armée prend les jeunes gens les plus vigoureux, et les capitalistes trouvent des placements trop faciles, trop rémunérateurs peut-être, pour qu'ils soient incités à participer à quelque entreprise en pays lointains, par la nécessité de faire valoir leurs réserves.

Il ressort de ces considérations que ce qui fait notre force comme nation militaire est aussi cause, dans une certaine mesure, de notre faiblesse comme peuple colonisant.

Pourtant il ne semble pas qu'il y ait lieu de chercher à modifier cette disposition des esprits, et à un certain point de vue notre genre d'éducation, puisque notre situation en Europe nous impose l'obligation d'entretenir une armée puissante.

D'ailleurs, le morcellement de la fortune chez nous nuit encore à l'essor des grandes entreprises individuelles. De tout cela, il faut conclure que ceux qui disposent de la chose publique en France, ceux qui ont en main la fortune et la force du pays doivent nécessairement prendre l'initiative des mesures propres à assurer le développement de nos relations à l'étranger.

Dans les circonstances présentes, nous devons nous demander si le grand commerce national ne pourrait prendre un appui plus large sur les indigènes de nos possessions coloniales. Il serait très avantageux d'amener ces populations à contribuer par elles-mêmes à étendre nos relations dans les pays d'occupation récente ; elles sont loin de nous rendre tous les services que nous sommes en droit d'exiger d'elles. On recule devant l'idée d'imposer le service militaire à des hommes qui, cédant peut-être à des sollicitations dangereuses, pourraient être tentés de faire mauvais usage des armes qui leur seraient confiées ; mais si on ne peut les faire participer d'une manière générale à la défense du pays, on pourrait certainement les attacher davantage à nous, en les enrôlant au service du grand commerce.

La merveilleuse organisation de discipline de l'armée se plie aisément aux situations les plus variées, et il ne paraît pas impossible de confier plus particulièrement à quelques fractions organisées régulièrement, la mission de faciliter l'écoulement des produits de notre industrie jusque dans les régions les plus reculées. ·

Parmi ces populations encore imparfaitement ralliées à notre civilisation, il en est qui montrent des aptitudes très réelles pour le petit trafic, telles sont les M'zabites, en Algérie, et certaines fractions de la Tunisie, ou de nos possessions dans l'Indo-Chine. Il y aurait tout profit à nous les attacher par des relations d'intérêt.

D'ailleurs, le commerce est l'agent de pacification des mœurs le plus énergique ; ce sera aussi le moyen le plus actif d'étendre notre influence dans ces contrées nouvelles, dont la sollicitude d'un gouvernement prévoyant vient de doter notre patrie.

II

Examen des principales lignes commerciales transsahariennes

Les relations commerciales de l'Algérie ont pour aboutissants naturels la Tunisie, le Maroc et le Soudan à travers le Sahara.

Du côté de la Tunisie, un très grand progrès a été réalisé depuis l'achèvement de la ligne Bône-Guelma à Tunis, et on ne peut que souhaiter de voir un jour notre protectorat aboutir à un traité d'union douanière permettant de supprimer les derniers obstacles qui empêchent des transactions plus nombreuses de s'établir entre les deux pays.

Du côté du Maroc, tout est encore à faire, et on peut dire que si les indigènes de ce pays apportent quelques céréales sur les marchés de Nemours et de Lalla-Maghnia, en échange, nous ne leur vendons rien du tout. Les Marocains viennent en Algérie par bandes nombreuses au moment des moissons, et, les travaux achevés, s'en retournent chez eux, l'escarcelle pleine, sans avoir acheté chez nous quoi que ce soit.

Il est merveilleux que les errements suivis jusqu'à ce jour aient abouti à ce fait très caractéristique, c'est que plus de quarante années après la bataille d'Isly, pas un de nos nationaux n'ait pu s'installer à Oujda, une ville populeuse, qui n'est pas à plus de 10 kilomètres de notre frontière, que pas un de nos négociants n'ait pu entrer en relations avec les habitants de ce pays, que pas un Français enfin ne puisse aujourd'hui même franchir avec quelque sécurité la ligne de démarcation purement idéale qui, à 12 kilomètres de Lalla-Maghnia, sépare l'Algérie du Maroc.

C'est qu'il existe des frontières autrement difficiles à franchir que les fleuves, les montagnes et les déserts les plus arides. La France a entretenu pendant quelques mois une mission militaire à Oujda et, à la faveur de cette circonstance, quelques rares officiers ont pu visiter cette ville, se mêler à la foule des Arabes, parcourir tous les quartiers, et nulle part, ils n'ont reçu mauvais accueil. Cependant, nous ne chercherons pas à discuter une consigne basée sur des craintes exagérées, peut-être, mais que nous n'avons pas à aprécier ici, et nous ne nous occuperons que de la recherche des moyens d'étendre nos relations commerciales à travers le Sahara.

Nos grands ports de la côte algérienne sont les points où viendra aboutir, quand nous le voudrons, tout le commerce de l'Afrique centrale.

En effet, si nous examinons la topographie de cette région, nous trouvons que des lignes de pénétration naturelles partant de Philippeville, d'Alger et d'Oran, vont aboutir les unes à Ghadamés et à Ghât, les autres au Touat, véritable centre de l'Afrique septentrionale, ou à Bir-Abbas ; or ce sont là les points de passage obligés de toutes les caravanes qui se rendent du Soudan et de la vallée du Niger aux pays voisins de la Méditerranée.

Ces routes sont jalonnées à travers les contrées inhospitalières du Sahara par des oasis, dont les trois premières, Biskra, Laghouat et Figuig, sont situées aux portes du grand désert et marquent au sud comme les limites naturelles de la terre algérienne. Il nous suffira de rappeler quelle est l'importance commerciale des points principaux que l'on rencontre sur leur parcours.

1° *Ligne de Philippeville au Bornou et au lac Tchad*

La plus orientale de ces voies de pénétration part de Philippeville, traverse Constantine, Batna, Biskra, suit la vallée de l'Oued-Rirh, passe à Tuggurt, El-Ouad, Ghadamès. A partir de ce point, elle est directement sud et va aboutir à Kanou, qui paraît être la capitale du Soudan.

Biskra sera prochainement reliée à Philippeville par le chemin de fer de Constantine à Batna prolongé et deviendra ainsi le véritable point de départ des lignes de communication suivies par les caravanes du sud.

Les marchands d'El-Ouad font du commerce avec Ghadamès et Ghât. Ils s'approvisionnaient autrefois à Constantine. Depuis la conquête de l'Algérie, leurs caravanes ont cessé de visiter notre territoire, soit qu'au début des mesures fiscales les aient arrêtés, soit que la présence des chrétiens aient suffi pour éloigner des hommes dont les croyances nous sont hostiles. Ils vont aujourd'hui à Tunis et à Tripoli, et si nous voulons entrer en relations avec eux, il faudra que nous nous efforcions d'abord de leur fournir les denrées ou objets qui sont à leur convenance et ensuite que nous allions nous-mêmes leur offrir les produits de notre industrie.

Les traficants de Ghadamès font un grand commerce d'échange avec Tunis, Tripoli, Ghât et Kanou, le Touat et Timbouktou ; la situation géographique de leur oasis en fait un centre très important.

C'est un marché que nous devrons faire approvisionner directement, car la côte de Tripoli est moitié plus près de ce point que le port de Philippeville.

Ghadamès, qui semble perdu au milieu du désert, est le point de passage de tout le trafic qui s'étend des côtes de la Tripolitaine jusqu'au pays des Noirs, et on y compte de nombreuses familles enrichies par le commerce. Depuis un petit nombre d'années, le gouverneur de Tripoli a fait occuper ce point par une faible garnison.

Ghât est le centre principal d'approvisionnement des tribus Touareg qui occupent tout le massif montagneux du Ahaggar.

Sur cette ligne, notre commerce serait naturellement servi par les gens d'El-Ouad, qui ont comme le monopole des transports dans cette région ; et, si on veut se rendre compte combien ces hommes sont endurcis à la marche et aux privations et quel intérêt nous aurions à les prendre à notre solde, il faut noter que sur trente jours de marche d'El-Ouad à Ghât, on en compte douze de suite pendant lesquels on traverse un désert entièrement sans eau. La route bifurque en ce dernier point et se dirige d'un côté par Bilma sur le Bornou et le lac Tchad, de l'autre côté sur Kanou par le pays d'Ahir.

2° *Lignes de Philippeville, d'Alger et d'Oran à Timbouktou et au Soudan*

Ces voies sont très importantes ; elles viennent toutes converger sur le Touat. Mais celle d'Oran a l'inconvénient de traverser les territoires des Oulad-Sidi-Cheikh, qui nous sont notoirement hostiles ; celle d'Alger semble la plus praticable, elle traverse le groupe des villes du M'zab, dont les populations, parfaitement sympathiques, sont aptes à nous rendre les plus grands services. Ces hommes sont actifs, entendus au commerce, attachés au moindre gain. On les a comparés à ces populations énergiques et laborieuses du plateau central de la France. Nous les rencontrons dans toutes les grandes villes de l'Algérie, formant de petites associations, exploitant les métiers les plus durs, et nul ne peut lutter de bon marché avec eux.

On peut dire que les M'zabites ont été placés à l'entrée du Sahara comme pour nous en ouvrir l'accès et nous permettre d'y faire pénétrer à leur suite notre commerce et notre civilisation. Ce sont eux qu'il faudra charger d'aller porter jusqu'au centre de l'Afrique nos produits manufacturés.

Après le M'zab, la direction d'Alger à Timbouktou est jalonnée par les oasis d'El-Goléa, elle traverse ensuite, dans sa plus grande longueur, le Touat. Cette contrée divise en deux parties bien distinctes la distance qui s'étend depuis les côtes de l'Algérie jusqu'à la vallée du Niger.

La notice sur la carte d'Afrique, au $\frac{1}{2.000.000}$, publiée par le dépôt de la guerre s'exprime ainsi : *Ce pays est bien arrosé, tant par les eaux qui viennent des versants du Tademayt que par celles de l'Oued-Messaoura et les eaux souterraines du Tel français. Aussi ne sera-t-on point étonné d'apprendre qu'il est très habité et riche en dattiers. Il y existe deux cent cinquante à trois cents petites villes ou villages réunis en confédération.*

C'est le centre véritable de l'Afrique septentrionale, le nœud de toutes les communications, le point de passage obligé de toutes les caravanes qui transitent vers le nord ; ses deux marchés principaux sont Timmimoun et In-Çalah.

Les habitants du Touat, craignant pour leur indépendance, se sont placés nominalement sous la protection du Sultan du Maroc (1) ; mais il est à présumer que ce souverain ne se mettrait point martel en tête pour protéger des sujets qui ne lui payent peut-être qu'un tribut de considération.

On peut admettre que jusqu'au Touat la traversée offre des garanties de sécurité suffisantes ; la première difficulté surgira quand nous voudrons obtenir la libre pratique des routes de cette contrée.

Depuis que nous sommes installés en Algérie, nous voyons la politique envieuse de nos voisins chercher par tous les moyens à entraver nos progrès vers le centre de l'Afrique.

____

(1) Le frère du sultan réside aujourd'hui au Touat : protection illusoire, car les gens de Timmimoun ayant eu à souffrir des incursions des Touareg, ne purent jamais obtenir du Maroc un secours efficace.

C'est d'abord le Touat qui a été amené à reconnaître la suzeraineté du Maroc, puis c'est le gouverneur de Tripoli qui, soumis au même système d'excitation, a fait occuper l'oasis de Ghadamès, nous barrant ainsi la route la plus directe d'El-Ouad au lac Tchad et au Bornou, tandis que le Maroc obstrue celle de la vallée du Niger. Nos possessions algériennes se trouvent enserrées dans un cercle étroitement gardé, où il ne reste aucune place pour un débouché commercial. Le Maroc par le Touat étend ses prétentions jusque sous le méridien d'Alger, la Tripolitaine au sud-est s'avance jusqu'à Ghadamès et Ghât; ces deux puissances arrivent l'une et l'autre jusqu'au pied des pentes du massif montagneux du Ahaggar qui s'élève au sud comme un mur infranchissable et contre lequel sont venus s'abîmer les audacieux compagnons du colonel Flatters.

L'épée de la France sera tirée peut-être quelque jour pour ouvrir un passage à travers ces obstacles accumulés devant nous par un calcul intéressé, mais si nous devions laisser une nation étrangère s'implanter en Tripolitaine, il semble que nous devrions aussi comme gage de notre complaisance et comme garantie de notre développement commercial dans l'intérieur de l'Afrique faire occuper immédiatement les oasis de Ghadamès et de Ghât. Car quel intérêt pour une nation quelconque à l'occupation d'une province généralement aride comme celle de Tripoli si ce n'est pour pénétrer de là jusqu'au Soudan.

Après In-Çalah la route bifurque : une artère se dirige sur Kanou et Sokoto, l'autre s'infléchit vers Timbouktou ; celle-ci traverse l'Afelèle, pays désert, parfois sablonneux, parcouru par les Touareg du nord, grands coupeurs de route et pillards presque par nécessité de vivre. Pourtant on ne reste jamais plus de deux jours sans trouver de l'eau en quantité suffisante et les caravanes de tous les pays le traversent régulièrement, sauf à désintéresser les chefs de ces peuplades barbares. Il est certain que lorsque notre commerce se portera vers l'intérieur de l'Afrique, nous saurons améliorer ces conditions. Après le désert, on trouve le pays d'Azaouad qui parait jouir d'une certaine organisation.

3° *Lignes d'Oran à Timbouktou*

Deux itinéraires permettent l'un d'atteindre directement In-Çalah, par Timmimoun, l'autre de rejoindre à Tafilet la route de Tanger à Timbouktou par Bir-Abbas. Chaque année des caravanes nombreuses partent du Maroc et se rendent dans la vallée du Niger, en suivant cette dernière ligne, qui jouit d'une sécurité relative.

Les Anglais cherchent à dériver, au profit de leur établissement de Victoria-Port, le trafic qui se fait de ce côté.

En résumé, les principales voies de communication transsahariennes partent de l'Algérie ; elles sont suffisamment praticables pour que le moment paraisse venu d'essayer d'étendre par là nos relations jusque dans le Soudan. Quand, mettant à profit l'activité des marchands d'El-Ouad et du M'zab, nous leur procurerons le moyen de s'enrichir par le commerce, nous trouverons dans ces alliés des populations heureuses d'entrer à notre service et d'ouvrir de nouveaux débouchés à notre commerce.

III

Organisation des caravanes

Quelques essais ont été tentés dans le but de nous
ouvrir l'accès du Sahara : le général Marguerite dut
envoyer des émissaires à Ghadamès ; un peu plus tard
nos caravanes pénétrèrent jusqu'à Ghât, et à la suite
de l'exploration de M. Duveyrier quelques Touareg
vinrent même jusqu'à Paris ; mais on ne poursuivit
pas ces premières tentatives, et depuis on ne revit
plus ces marchands. Ils ont compris peut-être qu'il
leur serait impossible de lutter contre nous, le jour où
nous voudrions nous rendre maîtres de leur pays, et
s'ils ont conservé quelque souvenir de leur visite au
pays des chrétiens, c'est sans doute le ferme désir de
chercher par tous les moyens à éloigner d'eux ces
puissants voisins.

On connaît la triste odyssée de la mission Flatters ;
depuis il n'a plus rien été tenté de ce côté. Pourtant M. H. Duveyrier, M. Gérhard Rohlfs et tout ré-

cemment M. Oscar Lenz ont pu accomplir dans le Sahara de longs voyages d'exploration, il faut donc attribuer le mobile du guet-apens dans lequel est tombé le colonel Flatters à des préoccupations particulières, dictées par l'instinct de la conservation si facile à alarmer chez ces peuplades guerrières et indépendantes. Cet exemple et les opérations du sud Oranais en 1881, prouvent que les armes à la main, nous ne saurions affermir notre suprématie sur les tribus nomades qu'au prix des plus grands sacrifices d'hommes et d'argent ; il appartient au commerce d'étendre notre influence sur elles, et il semble que notre intérêt nous commande de reconnaître franchement leur indépendance pour nous les attacher plus sûrement par les relations d'intérêt que nous saurons faire naître. Nous avons besoin d'elles pour établir des communications régulières entre l'Algérie et la vallée du Niger ; nous nous proposons de démontrer précisément que les agents et les moyens de transports les plus économiques que nous puissions utiliser dans le désert, ce sont les nomades et leurs chameaux infatigables, ces précieux animaux que l'Arabe appelle si justement les bateaux de la terre (*Mrakeb el-bérr*).

Pourtant si les nomades nous échappent au moment où nous croyons les saisir, il n'en est pas de même des habitants des oasis, et on peut dire que leur isolement les met complètement à notre merci.

Nous pourrions admettre peut-être que notre domination effective ait pour limites au sud, Biskra, Laghouat et Figuig ; mais notre protectorat doit s'étendre sur toutes les oasis situées au delà. C'est par ce moyen que nous arriverons à faire régner l'ordre et la sécurité dans le Sahara.

2*

On a projeté de construire un chemin de fer trans-saharien ; le premier pas à faire, c'est évidemment de créer une ligne de transit, dont les produits d'origine française devront prendre l'habitude, on verra ensuite s'il y a lieu d'y substituer une voie ferrée. Or il semble qu'il ne soit pas impossible de faire naître un courant d'affaires qui dériverait au profit de notre colonie le trafic de l'Afrique centrale. Il est à remarquer que ce courant existe déjà ; seulement, au lieu de venir chez nous, il se bifurque à In-Çalah et se rend, d'une part, en Tunisie ou en Tripolitaine, et de l'autre, au Maroc, et l'on sait que les Anglais s'efforcent de donner chaque année plus d'importance à leur établissement de Victoria-Port dans le but de faire affluer sur ce point tout le mouvement commercial de cette région.

Il est à présumer que le jour où un service régulier, offrant quelque garantie de sécurité, serait organisé entre l'Algérie et la vallée du Niger, les traficants indigènes ne tarderaient pas à suivre cette voie. Mais pendant qu'en France nous nous attardons à des études toutes platoniques sur le meilleur tracé à adopter, nos voisins, établis à l'embouchure de l'Oued-Drah, nous gagnent de vitesse.

Ils ont pour eux le facteur important du moindre parcours, puisque leur établissement est à 1400 kilomètres seulement de Timbouktou, tandis qu'une distance de 2.700 sépare les côtes de l'Algérie de la vallée du Niger.

Ce n'est pas assurément par la voie du Sénégal que nous pourrons soutenir la concurrence. Comment, en effet, lutter de bon marché avec eux, dans les conditions actuelles. Nos marchandises, obligées de passer par Dakar, c'est-à-dire de parcourir près de 500 lieues de côté de plus que celles des Anglais, doivent accomplir de Dakar à Timbouktou par Saint-Louis, un trajet encore une fois aussi long ; alors que de Victoria-Port à Timbouktou par Bir-Abbas la longueur du parcours ne dépasse pas 350 lieues.

Ces chiffres semblent prouver suffisamment que c'est par l'Algérie que doit se faire la majeure partie du commerce de la vallée moyenne du Niger, parce que c'est pour nous la ligne la plus directe.

Les Romains jalonnaient leurs routes par des stations militaires affectées à la protection des convois. Les Russes opérant aujourd'hui dans les déserts de l'Asie font surveiller les voies de communication par des postes de Cosaques établis à demeure, avec leurs familles et leurs troupeaux, qui ont la plus grande analogie avec les stations romaines. Or nous sommes témoins tous les jours des progrès rapides de l'influence russe en Orient.

Les Arabes n'ont jamais fait preuve d'un grand talent d'organisation ; nous les voyons pourtant se grouper par caravanes nombreuses pour faire ensemble la traversée du Sahara, s'entr'aider réciproquement et se mettre à l'abri des vexations des maraudeurs. Ces caravanes sont de véritables cités qui se déplacent, elles nomment des Kébirs pour les commander, des Chaouch pour maintenir le bon ordre, des chouâf pour éclairer la marche ; elles ont un Khodja pour rédiger les conventions, un Mouedden pour convoquer à la prière, un Iman pour la dire [1].

Il semble que nous ne puissions mieux faire que de suivre ces différents exemples, auxquels le succès est toujours venu donner la dernière sanction. Le sys-

---

[1] *Le Grand désert*, par le général Daumas.

tème à adopter consisterait donc à organiser des caravanes d'un effectif suffisant et à faire surveiller les points d'eau en créant à des distances variables des postes de refuge et de ravitaillement. On trouvera facilement des indigènes, pris dans les tribus nomades, qui consentiront, comme les cosaques, à fixer leurs tentes sur les points indiqués, si on leur fournit les moyens d'assurer leur existence, en les faisant concourir aux transports du commerce.

Nous supposerons, pour fixer les idées, que l'on soit amené à créer une compagnie de chameliers, destinée à mettre en relations régulières Alger et Timbouktou, nous étudierons les lignes principales de son organisation, les services qu'elle pourrait rendre et les dépenses qu'elle entraînerait.

Cette compagnie aurait pour mission de pousser progressivement ses détachements dans les oasis qui jalonnent la route de la vallée du Niger, d'assurer la sécurité des transports et d'y coopérer elle-même de la manière la plus large. Les indigènes qui seraient enrôlés comme convoyeurs, seraient choisis de préférence dans les oasis desservies par ce mode de communication.

Sans nous prononcer sur le choix de la ligne à suivre, de préférence à une autre, nous dirons seulement que la base d'opération de cette compagnie devrait se trouver en communication facile avec la côte et par là avec la France.

L'Emporium chez les Romains ; son utilité chez nous

Des entrepôts généraux, ouverts au public seraient créés sur les points les plus importants des lignes suivies par nos caravanes.

La première difficulté que rencontre un négociant désireux d'entrer en relations avec les indigènes d'une colonie naissante, c'est de trouver des correspondants sûrs, auxquels il puisse confier avec une entière confiance un stock de marchandises d'une certaine valeur.

Les Anglais s'expatrient facilement pour aller fonder des établissements nouveaux, leurs nationaux n'éprouvent donc aucune inquiétude dans le choix de leurs représentants et n'hésitent pas à leur ouvrir de larges crédits. Il n'en est pas de même chez nous, et cette circonstance peut servir à expliquer les hésitations de nos industriels, ainsi que leur indifférence plus apparente que réelle à l'égard des marchés de nos possessions coloniales.

Les Romains nous offrent à ce sujet un exemple très remarquable ; plus guerriers que commerçants, il semble que leur négoce fut peu leur affaire ; ils le favorisaient pourtant par la création des Emporia. On sait que ces établissements étaient de vastes édifices contenant une suite de magasins où étaient déposés en toute sécurité les marchandises de l'étranger, jusqu'à ce qu'elles fussent cédées à des marchands en détail.

Cette institution s'impose dans les circonstances présentes au commerce français ; elle est destinée à nous rendre les plus grands services dans certaines parties de la Tunisie, à Timbouktou comme à Madagascar et au Tonkin.

La gestion de ces établissements étant exempte des aléas que comportent les opérations commerciales, pourrait sans difficulté, être confiée à des indigènes organisés administrativement et surveillés par le gouvernement de chaque colonie. Il est à noter que les fonds nécessaires à l'entretien du personnel et des magasins seraient assurés au moyen d'un droit de magasinage supporté par les marchandises et ne seraient nullement à charge au budget de l'État.

Détermination du prix des transports par caravanes

Il convient maintenant de chercher à déterminer le prix auquel reviendraient les transports transsahariens, car le problème qui nous occupe se présente à l'esprit de la manière suivante :

Étant donné que Victoria-Port et Tripoli sont moins éloignés de Timbouktou ou du Bornou qu'Alger, Oran et Philippeville, quels moyens doit-on adopter pour que les marchandises, parties de ces derniers points soient transportées à moins de frais que celles de nos voisins ?

La valeur des transports doit être calculée ici, en fonction du rendement d'une bête de somme, du temps nécessaire pour faire le voyage et du prix d'entretien du personnel et des animaux.

Au point de vue du rendement, le dictionnaire de Bouillet indique que la chamelée peut être quelquefois de 600 kilogrammes. Sans atteindre ce poids énorme, il est certain que les Arabes font porter à leurs animaux des charges considérables ; nous avons vu un chameau qui servait au ravitaillement d'une compagnie en Tunisie, marcher du lever du soleil à la nuit tombante, portant deux bordelaises de vin pesant ensemble plus de 400 kilogrammes (1).

Mais quand il s'agit d'un parcours un peu long ou d'un trajet accompli sur un terrain sablonneux, il faut réduire de beaucoup ces chiffres. Les Russes chargent leurs caravanes à raison de 16 à 20 pouds par tête, suivant la force de l'animal ; le poud étant de 16ᵏ,38, c'est une moyenne de 294 kilogrammes.

Les dromadaires dont se servent les Arabes de l'Algérie portent un peu moins ; il est vrai qu'ils sont beaucoup plus rapides et qu'ils peuvent soutenir des traites de plus longue haleine.

Dans la traversée du désert, les conducteurs de caravanes ne choisissent que des chameaux entiers et bien entraînés ; ils ne chargent guère leurs animaux à plus de 200 kilogrammes ; ils descendent à 180 et même à 160 kilogrammes, pour les plus faibles ; nous serons certains de rester dans une sage mesure en adoptant pour base de nos calculs, le poids moyen de 180 kilogrammes par charge de chameau (2).

L'allure du dromadaire chargé moyennement est celle d'un bon marcheur d'infanterie ; en terrain plat, et suffisamment résistant, on peut l'évaluer à 4 kilomètres et demi à l'heure. Les caravanes marchent habituellement depuis la pointe du jour, jusque vers trois heures de l'après-midi ; pendant la saison d'été,

(1) Les gens de Sfaks qui s'occupent plus particulièrement des transports ont des dromadaires qui supportent communément des charges de 3 à 5 quintaux.
(2) Voir l'appendice.

elles font un repos de deux heures vers le milieu du jour. On peut donc évaluer l'étape moyenne à dix heures de marche, représentant une distance de 45 kilomètres ; effectivement, avant notre arrivée en Algérie, les caravanes de Timbouktou venaient à Alger ou à Constantine en soixante jours, non compris les repos : or, le trajet est d'environ 2,700 kilomètres. Toutefois la distance parcourue journellement est très irrégulière ; elle est subordonnée à la nature des terrains et surtout à la nécessité d'atteindre les points d'eau avant que les provisions ne soient épuisées. En réalité la marche est toujours lente et pour activer le transit, il serait nécessaire d'organiser des relais d'équipages.

Quant aux prix de revient des transports, nous trouvons que le gouvernement français paye à raison de trois francs par jour les chameaux obtenus par réquisition. Ce prix s'explique par les circonstances souvent difficiles dans lesquelles ont lieu ces réquisitions et le nombre considérable d'animaux qu'il faut trouver immédiatement. Mais ce n'est pas là le prix du commerce, il s'en faut même de beaucoup. Les chameliers ne marchent jamais seuls, car ils sont obligés de se mettre à deux pour charger les chameaux. Il s'ensuit qu'un équipage est composé généralement de deux hommes et de huit à dix animaux. Si on excepte la période des moissons et celle des semailles, on trouve que les caravanes sont payées à raison de 1 fr. 50 par journée de chameau. Les conducteurs ne sont jamais compris dans les règlements de compte : ils sont à la solde du propriétaire des équipages qui les paye au mois. Ce sont quelquefois des Khemès (1).

(1) Le khemès est l'ouvrier intéressé dans l'entreprise ; il reçoit le cinquième du revenu pour prix de son travail.

Le prix des transports arabes est donc de 0 fr. 185 par tonne et par kilomètre. Ce prix ne paraît pas très élevé et satisfait aux besoins du commerce local ; mais dès qu'il s'agit d'une distance un peu considérable, il devient assez onéreux ; il est bien supérieur aux tarifs de la petite vitesse en France, qui oscille entre 0 fr 06 et 0 fr. 09 centimes (1). Les transports maritimes sont réglés suivant des tarifs encore moins élevés. Mais les indigènes n'ont pas notre manière de compter ; quand il s'agit d'un long voyage, ils traitent à forfait et le prix demandé est en rapport avec les difficultés à surmonter, les dangers à courir. Pour la traversée d'Alger à Timbouktou, ils avaient l'habitude de traiter à raison de 150 francs par charge de chameau, de sorte que les objets de valeur, les étoffes, les plumes d'Autruche, l'ivoire, les parfums pouvaient seuls faire l'objet de quelque trafic.

Ces données étaient nécessaires pour nous permettre d'apprécier toute l'étendue des services que pourrait rendre au commerce national, une puissante compagnie de chameliers établie en Algérie et chargée d'assurer les transports transsahariens. Un équipage de chameaux se compose, avons-nous vu, de huit à dix animaux de bât et de deux convoyeurs.

La solde de chacun de ces hommes peut être fixée en moyenne à deux francs par jour, et la nourriture des chameaux ne doit pas être évaluée à plus de 0 fr. 40 par tête. Leur réputation de sobriété n'est pas surfaite : pendant les repos on laisse ces animaux pâturer en liberté et durant les marches les plus pénibles les Arabes les nourrissent avec 3 ou 4 kilogrammes d'un mélange de son, de grains d'orge ou

(1) En Algérie les tarifs des Compagnies de chemins de fer varient de 0 fr. 10 à 0 fr. 20 centimes pour la petite vitesse.

de noyaux de dattes concassés. On leur donne encore du tourteau d'olives ou de dattes belah qui sont ces fruits que pour ne pas épuiser l'arbre, l'on coupe avant maturité, alors que la datte est à peine formée.

La dépense totale sera donc de 8 francs par jour et la quantité de transport de 1,800 kilogrammes.

D'après cela le prix de revient sera de 0 fr. 096 par tonne et par kilomètre. Ce tarif paraît déjà très acceptable, mais il ne faut pas oublier que nos voisins établis à Victoria-Port ont 1.300 kilomètres de moins que nous à parcourir pour arriver à Timbouktou et il s'agit de trouver un moyen moins onéreux que celui qu'ils pourraient employer. Or nous allons voir qu'il serait possible de défalquer des dépenses indiquées précédemment le montant de la valeur de la nourriture des animaux.

On obtiendra ainsi une dépense journalière de 4 francs par équipage, ce qui donne le moyen d'exécuter des transports à raison de 0 fr. 048 par tonne et par kilomètre.

Nous avons dit que les chameaux de l'Asie portent en moyenne 294 kilogrammes. Leur emploi permettrait de calculer les transports à raison de 0 fr. 031 par tonne et par kilomètre : c'est-à-dire un maximum de 83 francs par tonne pour le parcours total d'Alger à Timbouktou : cette somme, qui pourrait être encore réduite par l'emploi de tarifs compensateurs pour les grandes distances, paraît bien de nature à fixer l'attention des hommes compétents (1).

Les Arabes ont raison d'appeler leurs caravanes les flottes du désert. Dans le Sahara, le chemin de fer ne

(1) Avec les tarifs actuels des Compagnies algériennes, le prix des transports en petite vitesse, pour une même distance, s'élèverait à près de 400 francs par tonne.

saurait lutter de bon marché avec le chameau, car les frais de construction, d'entretien et de surveillance de la voie seront toujours considérables.

Pour déduire de nos calculs, comme nous venons de le faire, la nourriture des animaux, il faut admettre qu'il y sera pourvu sans frais ; la chose sera possible si l'État affecte comme dotation des caravanes des terrains de culture assez considérables pour que l'on puisse y récolter l'orge nécessaire aux équipages ; or le domaine possède en Algérie des étendues assez vastes pour que ce moyen ne paraisse pas de nature à soulever de grandes difficultés. Il est probable d'ailleurs qu'il serait possible de faire quelques cultures autour des points d'eau à occuper dans l'intérieur.

Cette mesure ne serait pas la seule à prendre pour assurer le complet développement de nos transactions dans le Soudan ou la vallée du Niger, et nous permettre de soutenir avantageusement la lutte contre l'envahissement des produits étrangers. Il faudrait encore que les marchandises françaises à destination du centre de l'Arfrique fussent acceptées en franchise à l'octroi de mer, en Algérie ; sans cela, nos mesures fiscales nuiraient à notre propre commerce, qu'elles ont précisément pour but de protéger.

Une compagnie de chameliers organisée comme il vient d'être indiqué, mettrait à notre service en chaque point un petit groupe d'indigènes, dévoués à notre cause, capables de concourir au maintien de l'ordre qui, en cas d'insurrection, nous rendraient encore les plus grands services en coopérant au ravitaillement des colonnes.

Le transport des denrées à la suite des troupes qui ont opéré dans le sud Oranais a coûté des sommes fabuleuses, sans compter la création du chemin de fer de Saïda à Mecheria qui a exigé plusieurs millions. La colonne qui explorait la route de Gabès, pendant l'automne de 1881, traînait après elle un convoi de plus de deux mille chameaux payés chacun à raison de 3 francs par jour ; la colonne venue de Tebessa en comptait près de neuf mille.

Quelle facilité pour l'organisation de tous ces mouvements de troupes si l'État avait eu à sa disposition les ressources d'une puissante compagnie de chameliers !

Mais le plus grand service que cette compagnie pourrait rendre au pays, ce serait de faire régner l'ordre et la discipline parmi les nomades du Sahara et de gagner ces barbares à la cause de la civilisation par des relations d'intérêt qui les attacheraient à nous plus efficacement qu'une domination complète ne pourrait le faire.

Or nous avons vu que l'entretien d'une compagnie de chameliers et de ses magasins ne coûterait rien à l'État. Les dépenses de première installation resteraient seules à sa charge, elles seraient relativement peu élevées, puisqu'un équipage de dix chameaux ne coûte guère que 2.500 à 3.000 francs ; elles seraient bien inférieures à celle qu'entraînerait la construction d'une route ordinaire, à plus forte raison celle d'une voie ferrée. L'État, qui subventionne certaines compagnies de chemin de fer et les grands transports maritimes, pourrait de même aider à des transports plus modestes, si le résultat doit être de nous ouvrir l'accès des immenses régions de l'Afrique centrale, ces dépenses seraient d'ailleurs largement compensées par les bénéfices que notre commerce serait appelé à en retirer.

Le moment semble venu d'examiner les objections que l'on pourrait opposer à l'organisation d'un système de communications semblable. On dira peut-être que la difficulté principale viendra de l'hostilité que nos caravanes rencontreront chez les indigènes du Sahara qui ne manqueront pas de les inquiéter. C'est évidemment une considération qu'il convient de ne pas négliger, mais ce n'est pas la première fois qu'une nation civilisée se trouve aux prises avec de semblables empêchements. Quand les Romains pénétrèrent dans les Gaules, leur mission ne fut pas moins ardue, le pays était couvert de forêts, qui rendaient les surprises faciles ; or, ici encore, nous n'avons qu'à suivre leur méthode.

Nous savons que le premier élément de civilisation qu'ils introduisaient chez les Barbares, c'était la construction d'une route mettant en relations les points importants, sur laquelle ils organisaient des stations militaires affectées à la protection et au ravitaillement des convois destinés à l'armée. A la faveur de ce système, celle-ci pénétrait chaque jour plus avant dans le pays et la civilisation faisait son œuvre.

Nous autres, nous n'aurons pas de route à construire, c'est à peine si nous aurons à améliorer quelques passages dangereux ; mais nous devrons creuser des puits, multiplier les points d'eau et construire des Bordj, des caravansérails qui seront nos postes de ravitaillement.

La colonie romaine n'était imposée qu'aux peuples conquis par la force ou à ceux qui s'étaient mis en état de rébellion; on sait que cette organisation semi-civile, semi-militaire était fondée sur le principe de l'expropriation des anciens habitants et l'implantation d'une petite cité romaine au milieu des vaincus. C'était simple et pratique comme tout ce que faisait ce grand peuple.

3*

Nous ferons de même, et si les gens d'In-Çalah nous refusent la libre pratique des routes de leur pays, il suffira d'occuper quelques-unes des oasis principales du Touat, d'en expulser les habitants et d'y établir une population nouvelle tirée de nos tribus algériennes ou choisie parmi les indigènes des troupes d'Afrique.

Cet exemple sera salutaire et plus profitable que ne le serait la dévastation des plantations de palmiers qui a été quelquefois mise en pratique en Algérie.

La ruine des cultures laisse les populations appauvries et hors d'état de nuire pour longtemps ; mais aux égarements du moment elle fait succéder une haine vivace que rien ne viendra plus calmer, et ces hommes n'ayant plus rien à perdre, n'hésiteront pas à saisir la première occasion pour exercer des représailles terribles. Il serait plus prudent de disperser ces populations et de leur substituer sur place des indigènes que leur nouvelle situation forcerait à rester complètement à notre dévotion.

L'idée de pousser aujourd'hui une colonne expéditionnaire à 1.200 ou 1.300 kilomètres d'Alger semblera peut-être un peu hasardée. Ce fait paraîtra tout naturel quand nous aurons suffisamment amélioré la ligne à suivre et que nous aurons créé sur son parcours quelques postes de ravitaillement. Ce jour-là, il en sera d'In-Çalah, comme il en a été de Merv, qui a été occupé sans lutte, bien que nous ne soyons pas éloignés du temps où cette oasis paraissait devoir défier tous les efforts. Mais les Russes mettent deux ans à préparer une expédition et deux mois à peine pour l'exécuter.

La seconde objection possible serait celle de la dépense ; mais il semble que nous y ayons répondu d'avance en établissant qu'une compagnie de chameliers chargée des transports transsahariens suffirait à son entretien par ses propres recettes. Quant aux fais de première installation, ils ne pourront paraître que fort minimes surtout si on les oppose aux dépenses qu'entraînerait la création de tout autre moyen de transport. Si on prend comme point de comparaison le prix de revient de la ligne des hauts plateaux dans le sud Oranais, on trouve qu'une voie ferrée d'Alger à Timbouktou coûterait plus de 100 millions, et ce chiffre ne peut être qu'un minimum, car on sait d'après les récits des premiers explorateurs que ce chemin de fer exigerait de nombreux travaux d'art pour traverser les régions couvertes de sables mouvants, ou pour franchir les parties montagneuses comme les massifs du Ahaggar.

Un équipage de dix chameaux coûtant 2.500 à 3.000 francs pourrait transporter d'une extrémité à l'autre de la ligne d'Alger à Timbouktou 10 à 11 tonnes par an : donc sans atteindre un million de dépenses, on pourrait satisfaire à tous les besoins d'un commerce naissant, car on aurait le moyen de faire transporter annuellement plus de 3.300 tonnes de marchandises à une distance de 2.700 kilomètres. A cela, il faut ajouter que ces animaux se multipliant assez rapidement on n'aurait à prévoir aucuns frais nouveaux en vue de l'augmentation probable des transactions et des moyens de transports nécessaires (1).

La dépense de première installation pouvant être répartie sur un certain nombre d'années, on peut dire que cette fondation ne pèserait d'aucun poids sur nos finances.

(1) Voir l'appendice.

Conclusions

En terminant cette étude, nous sommes donc amené à émettre le vœu que les chambres de commerce veuillent bien examiner la question de l'organisation des caravanes transsahariennes comme service public et qu'une certaine somme soit inscrite annuellement au budget des dépenses générales de l'un de nos départements ministériels en vue de pourvoir aux frais d'une première installation.

Ce ne sera pas l'œuvre d'un jour: il faudra des négociations et peut-être quelques moyens plus persuasifs, mais le résultat entrevu paraît bien de nature à nous récompenser de toutes nos peines.

Dans la première partie de cette notice, nous nous sommes efforcé de démontrer qu'il appartient à l'État de prendre l'initiative des mesures propres à faciliter le développement de nos relations commerciales; dans la seconde partie nous avons cherché à établir que la nature semble avoir mis l'Algérie en communication directe avec l'Afrique centrale, malgré les difficultés réelles que présente la traversée du grand désert ; enfin, nous aurons complètement atteint notre but si nous avons réussi à mettre pleinement en lumière tous les avantages que nous pourrions retirer de l'organisation d'un système de caravanes fortement constitué, mettant en relations régulières d'une part Philippeville avec le Bornou et les contrées voisines du lac Tchad; d'autre part Alger et Oran avec le Soudan occidental et la vallée du

Niger. Il convient de ne point perdre de vue que les côtes de l'Algérie étant plus éloignées de la vallée du Niger qu'aucun point des côtes occidentales de l'Afrique, il est à craindre de voir l'étranger nous devancer dans ces régions lointaines, et nous couper par cela même du Sénégal.

Notre intérêt semble nous commander de relier nos deux colonies africaines, dans ces conditions la France ne saurait reculer devant quelques peuplades barbares, ou quelques sacrifices d'argent.

Nous avons rappelé en commençant que les transports sont l'âme du commerce comme aussi celle d'une armée en campagne ; témoins aujourd'hui des progrès rapides des Russes en Asie, nous pouvons nous demander si le secret de leur prépondérance. dans ces contrées, n'est pas dans l'emploi qu'ils savent faire de leurs caravanes.

Tous les peuples de l'antiquité semblent avoir compris l'immense utilité du chameau ; les caravanes des Carthaginois parcouraient la Lybie, allaient jusqu'au fond de l'Arabie. D'autres caravanes partant de l'Egypte traversaient l'oasis d'Ammon et descendaient jusqu'à trente jours vers l'Afrique centrale dans des contrées inconnues, d'où elles ramenaient des esclaves, des pierres fines, de l'ivoire et de la poudre d'or. Les Romains, succédant aux Carthaginois, succédèrent à leur commerce et bientôt l'Afrique dut envoyer à Rome ses bêtes sauvages, son ivoire, son or, ses bois précieux. Les expéditions militaires contribuèrent au développement de ces relations commerciales et Pline donne des renseignements précis sur l'expédition de Balbus vers les solitudes africaines qui s'étendent au sud de la petite Syrte, jusqu'à Cydamus et Garama.

Ils pénétrèrent même plus avant, car on voit que Septimus Flaccus les conduisit jusqu'à trois mois de Garama probablement dans le Bornou.

Toutes ces expéditions, tout ce commerce ont été faits avec l'aide du chameau et de l'éléphant (1).

La France peut retrouver dans l'Afrique centrale l'empire colonial qui lui a été enlevé ; pour cela, il faut commencer par organiser à travers le Sahara un vaste système de caravanes assurant des communications régulières entre tous les centres de population, et plus particulièrement entre les capitales des deux pays extrêmes, Alger et Timbouktou. Le chemin de fer transsaharien sera construit en son temps ; mais en toute chose il convient de ménager les transitions nécessaires.

Le progrès, la civilisation n'éclatent pas dans un pays comme un brillant feu d'artifice, qui éblouit : ce sont surtout les résultats d'un labeur persévérant.

(1) Les Numides avaient, bien avant les expéditions romaines en Afrique, des chameaux pour le service de leurs armées.

Appendice

Quelques-unes de nos données ont paru pouvoir être contestées. On a objecté que l'eau, les vivres des convoyeurs et la nourriture des animaux devaient venir en déduction du poids utile transporté par le chameau. Il n'en est rien ; dans toute caravane les vivres, l'eau, ce que l'on pourrait appeler les *impedimenta* sont chargés sur de petits ânes, qui sont toujours en nombre, partout où se trouve une tente ou un douar. Ces animaux, dont le prix d'achat ne dépasse pas 10 ou 15 francs, ne sont l'objet d'aucun soin et suivent les caravanes comme le ferait une meute de chiens dressés.

On nous a encore opposé qu'il n'avait pas été tenu compte de la mortalité. Les pertes seront minimes si l'on établit sur le parcours des caravanes, des relais assez nombreux permettant de laisser toujours les équipages dans la même région. Les chameaux du nord de l'Afrique ne peuvent supporter les chaleurs du Soudan, c'est ce changement brusque de climat qui explique la mort d'un grand nombre de ces animaux. Avec quelques précautions, les reproductions répareront toujours largement les pertes des équipages, et ne tarderont même pas à en augmenter le nombre ; aussi croyons-nous pouvoir maintenir l'exactitude de nos calculs et de nos renseignements. Néanmoins cette notice ayant été écrite dans le but d'appeler l'attention du haut commerce sur l'immense utilité de ces transports par caravanes, que les facilités actuelles font peut-être trop dédaigner, nous nous félicitons de voir la controverse éclairer ce sujet.

OUVRAGES CONSULTÉS

Cours de Géographie, professé à l'École supérieure de guerre, par M. le lieutenant-colonel NIOX.

Notice sur la carte d'Afrique au $\frac{1}{2.000.000}$, publiée par le dépôt de la guerre.

Le Sahara algérien, par V. LARGEAU.

Commerce des peuples de l'Afrique septentrionale, par M. MAUROY.

Le Grand Désert, par le général I. DAUMAS.

Les Touareg du Nord, par H. DUVEYRIER.

P. CONSTANTIN.

10825. — Tours imp. Rouillé-Ladevèze, rue Chaude, 6.

www.ingramcontent.com/pod-product-compliance
Ingram Content Group UK Ltd.
Pitfield, Milton Keynes, MK11 3LW, UK
UKHW021151140726
13695UKWH00005B/2081